LA POLITIQUE ET LA RHÉTORIQUE AUX CHAMPS

ou

LES ÉLECTIONS DE 1863

PARIS. — IMPRIMERIE ÉDOUARD BLOT, RUE SAINT-LOUIS, 46.

LA POLITIQUE ET LA RHÉTORIQUE

AUX CHAMPS

OU LES

ÉLECTIONS DE 1863

PAR

M. LE VICOMTE DELALOT

Ancien Maire de Dormans, Membre du Conseil général de la Marne, Cultivateur,
Lauréat du Concours régional de Châlons en 1861.

PARIS

E. DENTU, LIBRAIRE-ÉDITEUR

PALAIS-ROYAL, 13, GALERIE D'ORLÉANS

—

1863

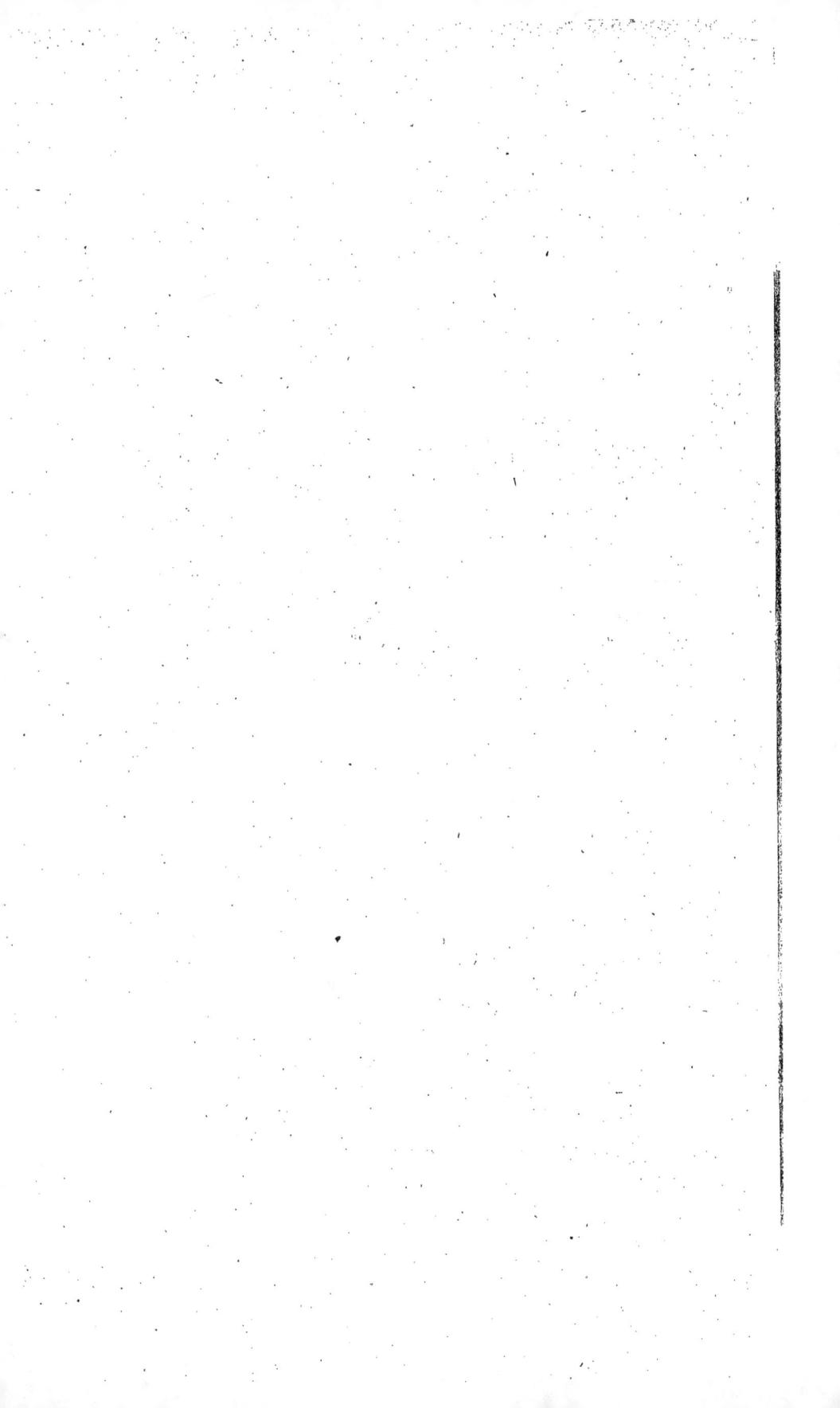

PRÉFACE

Mes lecteurs, mes concitoyens pardonneront, je l'espère, au désir de leur être agréable, la fiction qui m'a fait grouper dans un même tableau diverses figures, divers personnages avec lesquels je n'ai eu que des rapports individuels. Je n'ai point altéré la vérité en réunissant dans un même entretien bien des choses qui m'ont été dites séparément et auxquelles je n'ai fait que des réponses également séparées.

L'art d'écrire, comme tous les autres arts, a le privilége, le droit, quelquefois heureux, de réunir les matériaux épars, que l'isolement déprécie, dont un assemblage intelligent augmente la valeur. C'est ainsi que la bouquetière prépare l'hommage auquel la beauté est si sensible, que le lapidaire compose ses charmantes mosaïques ; c'est ainsi que le romancier nous offre ces délicieux passe-temps du coin du feu.

Si j'ai égayé par quelques plaisanteries innocentes des souvenirs parfois un peu tristes, si j'ai jeté quelques fleurs sur le champ souvent aride de la politique et des élections, j'espère qu'on me le pardonnera en voyant la date à laquelle j'écrivais. Comment, au souffle si doux d'un printemps prématuré, ne pas se laisser aller à la séduisante contagion de l'exemple de la nature? Comment être avare de ses couleurs quand la nature est si prodigue de ses merveilles? Comment la main résisterait-elle à la tentation de tracer un coin du tableau dont l'ensemble est si ravissant pour l'œil?

En attendant une occasion de leur être utile, puissent mes concitoyens ne voir ici que l'empressement avec lequel j'ai saisi l'occasion de chercher à leur être agréable.

Un personnage éminent du canton de Montmort me disait hier, jour où j'y faisais partie du Conseil de révision, qu'il se souvenait encore du discours prononcé par mon père sur les marches de l'hôtel de ville de Châlons après qu'il venait d'être élu député de la Marne.

L'émotion, inséparable pour moi d'un tel souvenir dans les circonstances où je me trouve, ne m'a pas permis de répondre, comme je l'aurais désiré, à tant de bienveillance et de courtoisie; que la personne qui m'en a donné cette preuve si touchante veuille bien, ainsi que toutes celles qui pourront se souvenir de mon père, recevoir ici l'expression de la plus vive reconnaissance et la preuve du prix que j'attache à cette part précieuse de l'héritage que j'ai recueilli.

Si je n'ai pas à mettre au service de mes concitoyens une voix aussi éloquente que celle dont Dieu avait accordé à mon père le don rare et précieux, ce que j'ai de facultés, d'intelligence, de dévouement est à leur disposition.

Dormans, le 20 avril 1863.

LA POLITIQUE ET LA RHÉTORIQUE AUX CHAMPS

ou

LES ÉLECTIONS DE 1863

Comment un paysan peut se trouver dans le cas de répondre à un académicien.

Lorsque je m'empressais de répondre à la brochure de M. de Montalembert, lorsque je griffonnais, à la hâte, ces quelques mots auxquels le cœur a eu plus de part que la tête, je croyais faire acte de patriotisme autant que de bon sens ; je n'exprimais pas seulement les sentiments qui m'animent, mais bien aussi ceux des populations au milieu desquelles je vis. Pouvais-je m'imaginer que je m'exposais à des poursuites judiciaires[1] ?

Dans mon élan de dévouement à l'ordre et au Gouvernement à la fois, dans cette sorte de croisade pour le parti de la paix

---

1. Le procès-verbal de colportage dressé, non pas contre moi, mais contre une personne à mon service n'a eu et ne pouvait avoir aucune suite ; le fait d'un auteur qui envoie son œuvre à un de ses concitoyens ne constitue pas une contravention. Faute d'avoir opéré le dépôt légal, l'imprimeur a été rappelé à l'*abc* du métier par une amende réglée avec une indulgence dont je ne puis parler avec trop de reconnaissance, puisqu'il paraît que, dans une décision si bienveillante, on a daigné prendre en considération les sentiments exprimés dans ma brochure.

avec lequel me semblait s'identifier le salut de l'Empire, je n'avais consulté que mon désir d'être utile en cherchant à élever au-dessus de la clameur générale une voix faible sans doute en tant que mienne, mais puissante à titre d'écho consciencieux de ces masses compactes qui parlent peu, qui raisonnent juste, et à la sagesse desquelles il ne me semblait manquer qu'un interprète.

Tandis que tous les partis embouchaient à l'envi la trompette guerrière, il était sans doute ambitieux de faire partir de si bas un conseil prudent et pacifique; il était peut-être présomptueux de croire qu'un semblable conseil pourrait se faire écouter avant que toutes les puissances officielles de la parole eussent dit leur mot.

Condamné volontairement au silence et à l'obscurité dans cette vie paisible des champs, qui suffit à dédommager de l'oubli du monde, j'étais moins résigné, je l'avoue, à voir compter pour rien ces puissances productrices qui font la force et la prospérité du pays. Les mamelles de l'État ne me semblaient pas faites pour être pressées sans que l'on consulte d'abord ce qu'elles peuvent donner.

De l'utilité de l'agriculture et des agriculteurs.

Il est une caricature déjà ancienne, mais dont l'esprit n'a pas vieilli, qui représente un garçon boulanger portant sur sa tête son précieux fardeau et donnant une poignée de main au garçon boucher chargé de même pour l'alimentation de ses pratiques.

Dans cette rencontre, qui peut se renouveler chaque matin, je ne sais lequel des deux dit à l'autre, avec un sourire narquois et une importance comique : *Sans nous, ils crèveraient tous!*

Ce propos, qui n'est que ridicule ainsi placé au dernier

degré de l'échelle sociale, contient une vérité pratique, incontestable, lorsqu'il est reporté à l'autre extrémité de l'échelle, à la source même de la production. Ne siérait-il pas bien à ces utiles artisans de l'alimentation publique, à ces cultivateurs qui confient chaque année à la terre l'espoir du monde entier, n'oubliant jamais de lever les yeux au ciel pour lui demander de bénir leurs travaux?

Voilà donc, me disais-je, ceux dont on demande que les bras nourriciers, le sang précieux, l'épargne laborieusement acquise soient encore prodigués dans le jeu sanglant des batailles; et tandis que les plumes les plus exercées, les voix les plus éloquentes déploieront toutes leurs ressources pour lancer la France dans de nouvelles guerres, nul n'osera parler au nom de la raison, au nom de ceux qui ne disent pas, comme les hommes d'État, que pour faire la guerre il faut trois choses, *de l'argent, de l'argent, et encore de l'argent*, mais qui savent par expérience qu'il y faut au moins deux choses, que chaque guerre tire de leurs veines et de leurs bourses *du sang et de l'argent.*

Parfois je me surprenais à regretter d'avoir cru que, pour répondre à un académicien, j'étais obligé de semer à pleines mains les fleurs tant soit peu fanées de la rhétorique du bon vieux temps, aux risques de n'obtenir qu'un sourire dédaigneux pour prix de toutes les richesses dont j'avais dépouillé mon herbier champenois. Une crainte surtout me préoccupait, c'était celle d'avoir peut-être voilé ma pensée, par conséquent celle dont j'avais voulu au contraire me montrer l'interprète le plus fidèle, le plus consciencieux.

Mais, de qui donc avions-nous besoin d'attendre le mot d'ordre? Qui pouvait s'arroger le droit de nous fermer la bouche? Qui pouvait s'interposer entre ceux qui désirent la paix et Celui qui a dit : *l'Empire, c'est la paix.*

Il ne faut pas confondre un auteur avec un colporteur.

Je croyais, en parlant ainsi, avoir rempli un véritable devoir. Quelques honnêtes suffrages étaient venus achever de me persuader.

Depuis plus de quinze jours ma brochure circulait sans entraves, à l'aide des mêmes formalités légales que la brochure à laquelle j'avais essayé de répondre. Mon œuvre modeste faisait modestement son chemin, dans la persuasion que, pour prêcher la paix, il ne fallait pas plus de précaution que pour prêcher la guerre, que le même timbre qui suffisait pour dénigrer le gouvernement devait suffire pour le défendre.

Quelques-uns de ceux qui m'avaient confié leurs pensées sages et pacifiques avaient reçu en échange la preuve de l'empressement que j'avais mis à les exprimer de mon mieux. Je rendais à nos vallées le son que j'en avais reçu pour les mettre à même de juger si je l'avais reproduit en écho fidèle. Cet échange de confiance et de bons procédés dans quel étrange vocabulaire peut-il être synonyme de colportage?

Dieu n'a pas permis que tant de mauvais vouloir pût atteindre son but. Semblable à tous les sentiments qui aveuglent, le désir de me nuire a été maladroit ; il n'a réussi qu'à me servir. L'intérêt éveillé en faveur de l'auteur a rejailli sur son œuvre, et ceux qui ne m'auraient peut-être jamais lu, se sont disputé ma brochure.

Comment sont reçus les paysans chez celui qui s'honore du nom de paysan.

Un jour que j'oubliais ces odieuses tracasseries dans quelques travaux de jardinage, un groupe de braves gens de nos environs vint me surprendre au milieu de mes paisibles occupations. M'empressant de quitter ma bêche pour aller au-devant d'eux, je ne tardai pas à m'apercevoir que leur démarche avait un caractère de solennité que ne comporte pas une visite ordinaire.

— Monsieur, me dirent-ils de suite, c'est à cause de votre brochure que nous venons vous voir.

J'étais alors à peu de distance d'un petit berceau placé sur le point de vue où nos amis se réunissent parfois à nous pour jouir de l'aspect de notre admirable vallée.

C'est là, qu'après les plus gracieux détours, la Marne se rapproche de nous comme une amie dont le chemin de fer est venu malencontreusement nous séparer.

Quel contraste dans sa marche digne et calme de *grande dame* avec l'air bruyant et affairé du chemin de fer ? Ces deux voies rivales, où l'art a si fort distancé la nature, offrent un spectacle dont la variété plaît à l'œil autant qu'elle parle à l'esprit.

Il n'est pas rare d'y voir la barque du pauvre pêcheur, la flotte rustique du simple marinier se croiser avec la puissante et orgueilleuse locomotive. Les premiers s'abandonnent doucement au fil de l'eau, descendent paisiblement la rivière, comme l'homme des champs descend la vie, tandis que les voyageurs du chemin de fer passent avec la rapidité de gens qui courent à la fortune, quelquefois, hélas! à d'horribles catastrophes.

Mais qu'importe que ce soit au milieu du fracas du monde ou dans le calme de la vie champêtre ? nous marchons tous vers le même but, ce but que personne ne manque d'atteindre, celui où tous les bruits s'apaisent dans le silence du tombeau.

Au delà de la prairie, au delà du domaine de la Marne, qu'elle est rarement longtemps sans visiter, l'horizon présente une ceinture de riants coteaux où la vigne, quoique déjà champenoise, ne règne pas encore en despote, et où elle laisse à la parure des bois une place qui dédommage grandement le paysagiste de ne pas se trouver au milieu des richesses, un peu arides à l'œil, des célèbres crûs d'Ay et de la montagne de Reims.

Quelques siéges, toujours réunis sur ce point, me permirent de faire asseoir mes visiteurs, parmi lesquels j'avais remarqué plusieurs visages inconnus qui indiquaient qu'on avait franchi, pour venir me voir, une distance qui méritait un accueil particulier. Tout le monde était assis, je fis apporter quelques bouteilles d'une petite tisane qui, pour n'être que le vin du crû, n'en est pas plus à mépriser. Ma femme, qui taillait ses rosiers, mes filles, qui cueillaient des violettes, s'étaient réunies à moi pour faire politesse à nos hôtes ; et mon fils, grand garçon de seize ans en vacances de Pâques, s'était chargé de remplir les verres.

Les partisans de la paix et de l'économie.

Un vieillard grand et sec, dont le teint basané contrastait avec la couleur de la neige que l'hiver des ans avait donnée à sa chevelure, m'adressa le premier la parole. Avant qu'il eût ouvert la bouche, j'avais reconnu en lui un vieux soldat.

— Je vous remercie, dit-il, d'avoir si bien rendu ma pensée. Non, je ne veux plus de guerre ; j'en ai assez vu pour ma part ; je n'en souhaite autant à personne. Mais, comme vous le dites fort bien, si, pour une bonne cause, il fallait encore dégaîner, si l'Empereur avait besoin de nous pour combattre ses ennemis du dedans ou du dehors, je ferais comme vous, monsieur ; j'ai encore ma vieille *rapière* que je ne laisse pas rouiller (je la visite, je la soigne tous les dimanches), et, morbleu ! tant qu'il me restera une goutte de sang dans les veines, on peut compter sur moi ! Le vieil officier P... aurait désiré pouvoir se joindre à nous ; mais, outre son grand âge, vous le savez, il a eu les pieds gelés en Russie ; aussi il nous a bien chargés de vous le dire, il est de votre avis. « Puisse Dieu, nous a-t-il dit, préserver la France de renouveler une semblable campagne ! »

Un homme jeune encore, rasé de frais, portant une blouse

neuve, et dont toute la tenue indiquait de l'aisance autant que sa physionomie ouverte et expressive révélait d'intelligence et de loyauté, prit ensuite la parole.

— Pour moi, dit-il, je ne connais la guerre que par l'argent qu'elle coûte. Mon père m'a fait remplacer, et je suis assez heureux pour pouvoir faire exonérer mes enfants. Je ne sais et ne veux rien savoir en fait de politique. Je ne demande à un gouvernement que de pouvoir récolter ce que j'ai semé, que de pouvoir transmettre à mes héritiers ce dont j'ai hérité moi-même ; je ne lui demande que de ne pas me faire payer trop cher cette double assurance.

L'Empire, qui remplit ces conditions, a droit à toute ma reconnaissance. Car, voyez-vous, monsieur, nous ne sommes plus au temps où le paysan pouvait se croiser les bras et regarder avec indifférence passer les gouvernements. La terre n'est plus le seul mode de placement que nous connaissions ; nous sommes rentiers de l'État comme les bourgeois des villes ; nous sommes tous solidaires du crédit public.

Aussi quelle qu'ait été jusqu'ici mon indifférence en matière politique, vous me croirez si vous le voulez, mais je n'ai jamais pu crier : *Vive la République !* Toutes les fois qu'il fallait faire sortir ce cri de ma poitrine, le souvenir des 45 centimes me prenait à la gorge ; cela m'étranglait, cela m'ôtait la parole.

Le brave homme avait fait une telle grimace en prononçant ce mot de *République,* que je ne pus m'empêcher de trinquer avec lui et de l'engager à vider son verre pour faire passer l'amertume de ce souvenir.

La douce influence du grand air, celle de cette boisson champenoise dont la mousse couronne si bien les verres, délie si bien les langues, plus que tout cela peut-être, la communauté de sentiments et d'intérêts contribua à établir promptement la confiance entre nous.

Les questions, les réponses, les réparties, tout, ainsi que les verres, ne tarda pas à s'entrechoquer avec une entière liberté, aux dépens sans doute d'un peu d'ordre; mais comme il convient à la douce et honnête république de l'hospitalité.

Je voudrais que ces mots, dont on a si étrangement abusé de nos jours, comme l'homme abuse de tous les dons de Dieu, je voudrais que ces mots de *Liberté*, *Égalité*, *Fraternité*, n'eussent jamais servi de devise qu'à la salle d'un banquet.

Les inconvénients de la rhétorique.

— A çà, dit un des visiteurs, après avoir vidé son verre, il paraît donc que le nom de baptême de Garibaldi c'est *Achille*.

— Pourquoi pas, répondit un autre, est-ce que nous n'avons pas de nos concitoyens qui portent ce nom?

— Mais qu'est-ce que notre instituteur nous a donc raconté : que dans ce temps-là on baptisait par immersion, la tête en bas?

Moi. C'est de la fable.

— Y a-t-il bien longtemps de cela?

Moi. Sans doute; c'était avant la guerre de Troie.

— Ah ! Troyes. N'est-ce pas là qu'on veut faire passer le chemin de fer d'Orléans à Épernay? Ce serait bien fâcheux pour la ville de Sézanne et pour ses environs qui ont un si grand intérêt à voir abréger la distance qui les sépare de leur centre administratif et judiciaire.

Moi. Ne dites pas seulement d'intérêts, dites aussi de droits. Loin de la relever, je serais tenté d'applaudir à une erreur géographique, puisqu'elle me fournit l'occasion de dire que c'est à nous qu'il appartient de défendre, de revendiquer les droits de la ville de Sézanne. N'est-ce pas nous qui avons bénéficié de tous les avantages que le chemin de fer lui a enlevés? Oui, à quelque titre qu'il me soit donné de défendre ce 'tracé du chemin de fer d'Orléans à Epernay, je le ferai non-seulement avec la conscience de la conviction, mais avec la conscience d'une véritable restitution.

— Pourquoi donc parlez-vous des Grecs comme si c'étaient des grenouilles ?

Moi. C'est encore une fable.

— Vous aimez donc bien les fables ? Le baptême d'Achille, une fable ; les Grecs traités de grenouilles, une autre fable, et puis la fable de *l'Huître et les Plaideurs*.

— Monsieur, dit un ancien maire qui avait été longtemps le fermier de ma famille, c'est un peu trop de *fables*, tout de même. Vous aurez oublié qu'il est défendu de faire circuler *des fausses nouvelles*. C'est vraisemblablement pour cela qu'on aura fait un procès à votre brochure.

— Est-ce encore une fable quand vous dites que les Russes se sont opposés, en 1815, au partage de la France ?

Moi. Oh ! non, certes, ce n'est pas une fable : c'est de la belle et bonne histoire.

Le vieux soldat. Eh bien, si c'est vrai, c'est généreux de leur part. Car, voyez-vous, nous les avions joliment *brossés* à Champaubert. Mais, à propos de cette bataille, dites donc, je vous prie, à M. de C..., lorsque vous le rencontrerez, que je serais bien aise de ne pas mourir avant d'avoir vu élever son monument.

Quant aux Anglais (que je n'oublie pas de vous le dire) vous m'avez fait faire une pinte de bon sang en *tapant* sur eux comme vous l'avez fait.

— Vous n'avez pas *tapé* assez fort, à mon avis, dit un médaillé de Sainte-Hélène. Est-ce que la France ne prendra pas quelque jour sa revanche de Waterloo ? Est-ce qu'elle ne vengera pas les souffrances du martyr de Sainte-Hélène ?

Moi. Et l'odieux supplice de Jeanne d'Arc !

Découverte d'un chemin pour aller par terre en Angleterre.

— Est-ce qu'on n'ira pas quelque jour à Londres donner aux Anglais la leçon qu'ils ont méritée depuis si longtemps?

— Messieurs, dit un actionnaire du percement de l'isthme de Suez, m'est avis que rien aujourd'hui n'est impossible. Puisqu'on perce les Alpes et l'isthme de Suez, il ne doit pas être impossible de supprimer un bras de mer.

— Parbleu! dit l'ancien maire, si l'on avait laissé faire Napoléon Ier, il y a longtemps qu'il serait allé, par terre, en Angleterre.

Je me rappelle encore, comme si c'était hier, une conversation que j'ai entendue à l'époque du camp de Boulogne entre M. votre père et un personnage de ce temps-là. Il y a cependant bien longtemps; il doit y avoir plus de cinquante ans. Eh bien! il me semble les voir encore se promenant tous deux et conversant vivement sur cette descente en Angleterre dont tout le monde s'occupait alors; c'était le jour où je venais acquitter mon fermage.

Le personnage en question était un des partisans les plus enthousiastes de l'Empire; son fils était colonel d'un régiment de hussards, brave militaire s'il en fut jamais. Afin de s'identifier plus complétement avec la gloire de nos armées, avec celle de son fils, ie père portait les pantalons soutachés, les bottes à la hussarde avec les plis sur le cou-de-pied, à la mode de l'époque, et jusqu'aux éperons qu'il conservait, aux risques de se blesser, de s'écorcher, ce qui lui arrivait fréquemment; il portait la queue et la poudre comme les soldats de la vieille garde; on prétend même, mais je ne l'ai pas vu, qu'au moment de se coucher, il se coiffait, sans doute par distraction, avec le colback de son fils, en guise de bonnet de coton.

— Toujours est-il que voici la conversation que j'ai entendue entre lui et M. votre père :

« — Dites-moi donc, monsieur, vous qui avez étudié, est-ce que vous ne croyez pas qu'en tournant un peu... du côté de l'Asie... ou de l'Amérique, je ne sais pas bien, mais enfin en faisant un détour plus ou moins long, est-ce que vous ne croyez pas qu'on pourrait aller en Angleterre par terre? »

— M. votre père répondit :

« — Je ne le crois pas.

» — Vous ne le croyez pas, répartit l'autre. Eh bien, moi, je vous garantis que ce *gaillard-là* (c'est ainsi que, dans son enthousiasme, il parlait de Napoléon Ier) trouvera un moyen d'arriver par terre en Angleterre. »

— Qu'en dites-vous, vous-même, monsieur?

— Mon ami, répondis-je, mon père n'avait pas tort et son interlocuteur avait raison. Oui, certainement, sans la chute fatale du premier Empire, par son système continental, par la ligue universelle à la tête de laquelle voulait se mettre Napoléon Ier, on peut dire, si ce n'est géographiquement, du moins politiquement parlant, que c'est par terre que l'Empire aurait atteint les Anglais, qu'il aurait vaincu leur puissance. En faisant la guerre à la Russie, fût-ce en passant par l'Inde (le détour eût été un peu long), n'importe, c'étaient toujours les Anglais que Napoléon cherchait à atteindre, c'était réellement le chemin de Londres qu'il avait en vue.

La plus grande puissance du monde (soit dit sans offenser personne) est priée d'intervenir en faveur de la Pologne.

Le vieux soldat. Par exemple, je vous trouve un peu trop ambitieux, un peu trop exigeant pour les Polonais; vous l'êtes plus qu'aucun autre de leurs amis.

2

Vous demandez la reconstitution de leur nationalité, libre, indépendante, la reconstitution de l'ancien royaume de Pologne. C'est plus qu'il n'est permis d'espérer.

Moi. Je ne suis point un personnage politique; le vœu que je forme en faveur de la Pologne n'est destiné ni à passer par la plume d'un diplomate, ni à être réalisé par les baïonnettes de nos soldats; c'est le vœu d'un chrétien adressé à Celui qui peut tout, qui dirige tandis que l'homme s'agite, qui tient dans sa main le cœur des rois; mon vœu n'a pour base ni les traités de 1815 ni aucun autre acte humain, il s'appuie sur la loi qui a dit : *Tu ne prendras pas le bien d'autrui.* Je voudrais que la Russie, l'Autriche, la Prusse, qui ont un peu trop oublié cette loi divine à l'égard de la Pologne, se souvinssent au moins de cet axiome humain : *Le bien mal acquis ne profite jamais.*

Il y a plus de quatre cents ans que les Turcs ont pris aussi Constantinople sur les chrétiens; il y a près de neuf cents ans qu'ils ont arraché les Lieux saints aux fils des Croisés, n'est-ce pas assez d'opprobre pour la chrétienté? Si la délivrance de Constantinople et des Lieux saints doit être rayée de mes espérances, qu'il me soit permis de ne pas la rayer de mes prières! qu'il me soit permis d'y associer la résurrection de la Pologne!

Pauvreté n'est pas vice.

— Et votre Cléopâtre avec sa sotte prodigalité, qu'avez-vous voulu dire par là?

Moi. Cléopâtre était une reine d'Égypte.

— Ah! oui, le pays où on perce l'isthme de Suez. Je connais ça, j'en ai pris des actions et je compte aller voir ce travail-là... si toutefois il ne dure pas trop longtemps!

— N'est-ce pas une *aiguille* de Cléopâtre qu'on a rapportée d'Égypte sur la place de la Concorde à Paris?

— Ah! bien, si votre Cléopâtre tricotait avec des aiguilles comme celle-là, ça devait faire une *luronne!*

— Tenez, voulez-vous que je vous dise? votre Cléopâtre, avec sa prodigalité, me semble personnifier la ville de Paris.

— Si l'on a raison de dire que pour se trouver heureux il faut regarder au-dessous de soi, il ne faudrait jamais faire le voyage de Paris pour ne pas se trouver malheureux. Toutes les fois que j'en reviens, les yeux éblouis par l'éclat de ses dorures, le cœur amolli par ses tentations de toute espèce, mes modestes habits souillés par la boue de ses carrosses, plus souillés encore par les flots de dentelles qu'étalent ces impudentes gredines qui portent à leurs poignets ou à leurs oreilles le patrimoine de tant de familles; oui, toutes les fois que je reviens de Paris, je suis tenté de maudire mon existence. Ma chaumière, dont je m'étais contenté jusque-là, ne me semble plus qu'un chenil; mon pain me semble plus noir; je ne le mange plus qu'avec dégoût, jusqu'au jour où je trouve l'occasion de le partager avec un plus pauvre que moi.

Du reste, *en véritable rat des champs*, je n'ai jamais pu *manger à loisir* dans la salle du banquet de ce qu'on appelle *le Grand-Hôtel.* Il me semble toujours qu'au milieu des ornements qui couvrent ses murailles, une main invisible va tracer ces mots dont deux mille quatre cents ans n'ont pas affaibli le souvenir: *Mane, Thecel, Phares.*

Toutes les fois que je vais à Paris, j'y vois surgir un palais nouveau; toutes les fois que j'en reviens, je remarque une avarie nouvelle au clocher de notre église; je le trouve plus penché, plus menaçant ruine, plus menaçant de nous écraser, lorsqu'à l'appel de ses cloches nous allons chercher la seule consolation possible à l'inégalité si choquante des conditions d'ici-bas.

Quand je pense que pour transporter un hêtre à Paris, on a été sur le point de démolir une maison, de dépenser, pour un caprice, plus d'argent qu'il n'en faudrait pour reconstruire notre clocher, je serais tenté de me livrer à des malédictions contre la ville de Paris, si je n'allais puiser d'autres sentiments aux pieds de l'image de Celui qui a dit : *Mon royaume n'est pas de ce monde.*

Dussé-je quelque jour être enseveli sous les débris de notre clocher, ses ruines n'ébranleront pas ma foi, mon espérance dans un monde meilleur.

L'empereur lui-même ne nous a-t-il pas dit : *L'amélioration des campagnes est encore plus utile que la transformation des villes.*

Dérivation des eaux de la Champagne au profit de la ville de Paris.

LE VIEUX SOLDAT. Elle n'était pas si fière la ville de Paris, quand, il y a moins de quinze ans, l'émeute dépavait, ensanglantait ses rues ; quand il nous a fallu voler à son secours. Sans nous, sans tous ces paysans, tels que nous, nul ne peut dire ce qui serait arrivé.

L'HOMME A LA BLOUSE NEUVE. Oui, elle a eu bientôt oublié ce service ! Moins de sept ans après elle formait le projet de prendre... nos eaux.

— Ah ! nos eaux ! Qui les défendra, qui les sauvera de la convoitise de la ville de Paris ?

— Connaissez-vous la chanson du Champenois et du mouton ?

— Moi. Je la connais comme si je l'avais faite.

— En connaissez-vous aussi l'air ?

— Certainement.

— Que vous seriez aimable de nous la chanter; nous n'a-vons jamais eu le plaisir de l'entendre ainsi.

— Ce sera très-volontiers, et mes enfants, qui la connaissent comme moi, feront chorus au refrain.

> La ville de Paris veut bien [1]
> Traiter nos eaux comme son bien;
>   Voilà la ressemblance.   (*Bis.*)
> Mais, dit-elle, en nous *dépouillant*,
> Vous serez plus *pouilleux* qu'avant;
>   Voilà la différence.   (*Bis.*)
>
> Paris, comme un maître divin,
> De l'eau souvent a fait du vin;
>   Voilà la ressemblance.   (*Bis.*)
> Nous, à ce trop puissant voisin,
> Refusons l'eau, vendons le vin;
>   Voilà la différence.   (*Bis.*)
>
> Le Champenois et le mouton,
> Sont des bêtes que l'on confond;
>   Voilà la ressemblance.   (*Bis.*)
> Mais l'un se tond facilement;
> L'autre très-difficilement;
>   Voilà la différence.   (*Bis.*)

— Bravo, bravo!

— Il aurait fallu envoyer cette chanson-là au Sénat en guise de pétition.

Moi. Le Sénat est une assemblée trop sérieuse, trop respec-

1. Voir la musique à la fin de la brochure.

table, et la question de nos eaux est trop grave pour y être présentée sous la forme d'une chanson.

Mais puisque nous sommes ici plusieurs vieux soldats (et dans quelle réunion n'y en a-t-il pas en France?) il faut que je vous donne lecture de la pétition que j'ai adressée au Sénat pour le rétablissement de l'ordre militaire de Saint-Louis.

Vœu d'un vieux soldat pour le rétablissement de l'ordre militaire de Saint-Louis.

La pétition est peut-être un peu longue, comme l'exigeait l'importance du sujet ; mais j'espère que sa lecture ne vous ennuiera pas. Elle a été adressée au Sénat dans les premiers jours de cette année.

« Messieurs les Sénateurs,

» Le soussigné, etc., ancien officier de cavalerie, a l'honneur de solliciter votre appui à l'effet d'obtenir, si ce n'est le rétablissement de l'ordre militaire de Saint-Louis, qui n'a jamais été aboli légalement, du moins le retour à un état de choses qui assurerait la distribution de cette précieuse récompense aux officiers de l'armée de terre et de mer qui pourraient y avoir droit dans les conditions fixées par les statuts de l'ordre.

» Le soussigné, messieurs les Sénateurs, ne croit pas pouvoir vous mettre mieux à même d'apprécier les sentiments qui ont inspiré sa demande qu'en joignant ici la copie de la pétition qu'en 1857 il s'était permis d'adresser directement à l'Empereur pour cet objet.

» Aucun accusé de réception, aucune réponse n'étant venus permettre au soussigné d'augurer de l'accueil fait alors à sa démarche, il n'aurait vraisemblablement jamais eu la pensée de la renouveler si, depuis quelque temps, il n'avait eu l'occasion de remarquer dans divers articles nécrologiques, insérés même au *Moniteur*, la reproduction du titre de chevalier de Saint-Louis.

» Le soussigné a donc cru répondre au moins au sentiment des familles qui ne veulent pas laisser tomber dans l'oubli un titre si glorieux, et il a pensé que l'argument qui figurait dans sa pétition à l'Empereur se trouvait ainsi justifié de nouveau.

» Le soussigné, messieurs les Sénateurs, ne se flatte pas que, quelle que soit la juste influence de votre illustre assemblée, la réalisation de son vœu puisse dépendre de votre décision.

» Tout ce qu'il peut espérer, si les sentiments qui l'ont dicté trouvent de l'écho dans le premier corps de l'État, où siégent les plus grandes illustrations militaires, c'est qu'un secours puissant viendra en aide à sa demande pour lui faire franchir la distance qui sépare son humble retraite du trône de celui qui, seul, a le pouvoir de convertir en réalité ce qui n'est encore que le rêve d'un vieux soldat. »

Voici maintenant ma pétition à l'Empereur; les premiers mots vous feront connaître où elle lui a été adressée.

« SIRE ,

» C'est au camp de Châlons, c'est au milieu de l'élite de votre armée, réunie sous votre commandement au point stratégique désigné par votre génie, que le vœu pour le rétablissement de l'ordre militaire de Saint-Louis peut avoir quelque chance de trouver accès près de Votre Majesté.

» Si la création d'un ordre tout militaire convenait bien à Louis XIV, au monarque dont les conquêtes ont réuni à la

France, la Flandre, la Franche-Comté et l'Alsace, à celui qui a élevé aux nobles débris des armées françaises le plus beau monument de gloire et de reconnaissance nationales, le rétablissement de cet ordre ne convient pas moins à Napoléon III, au souverain qui a rendu aux armées françaises et les aigles et la gloire de Napoléon Ier.

» N'en doutez pas, Sire, l'armée, la France entière, dont l'esprit est si guerrier, applaudiraient au rétablissement de l'ordre de Saint-Louis. Et, en effet, tandis que les nations qui nous avoisinent ont un si grand nombre de décorations, objet de la plus généreuse émulation, tandis que leurs armées reçoivent des distinctions réservées aux services militaires, la France n'a qu'un seul ordre, elle n'en a pas un destiné exclusivement à récompenser cette bravoure à laquelle, il y a près de deux mille ans, César rendait un immortel hommage, et qui n'a pas dégénéré jusqu'à la prise récente de Sébastopol.

» Sire, en vous acclamant par la presque unanimité de ses suffrages, la France s'est unie intimement à vous; rien de ce qui est français ne saurait vous être étranger. Impartial pour le passé, puissant dans le présent, confiant dans l'avenir, votre gouvernement peut puiser sans arrière-pensée dans le trésor des gloires nationales.

» Plus indépendant que la branche aînée de la maison de Bourbon qui, en respectant l'ordre indestructible de la Légion d'honneur, avait cru pouvoir changer l'effigie de son fondateur, plus conséquent que la branche cadette qui, après avoir sacrifié son écusson à l'émeute, faisait redorer les fleurs de lis de Versailles, vous, Sire, vous rétablirez l'ordre militaire de Saint-Louis tel que l'a créé Louis XIV, sous l'invocation du saint roi mort en soldat sur cette terre d'Afrique que la France a arrosée si souvent depuis du sang généreux de ses enfants.

» Vous ferez revivre ainsi une des plus précieuses récompenses dont vous puissiez disposer en faveur de votre armée; vous légitimerez le juste orgueil de tant de familles qui, sans acception des temps ni des partis, inscrivent encore sur la tombe des braves que la mort décime chaque jour le noble titre de *chevalier de Saint-Louis.*

» Dans cet espoir, etc. »

Ma pétition aura-t-elle les honneurs d'un rapport avant la fin de la session? Je n'ose guère l'espérer[1].

Une profession de foi le verre à la main, le cœur sur la main.

Je suis dévoué à l'Empereur, à son gouvernement, à sa politique d'ordre et de protection pour les grands intérêts de la société.

Plus *pacifique* seulement et plus *économe* que la dernière législature, je n'ai pas dissimulé ma pensée à cet égard. J'interprète le décret du 24 novembre 1861 comme un appel à la vérité et non à la flatterie.

Ce sont les flatteurs, les complaisants de tous les régimes qui les ont perdus.

Puisque nous sommes en plein air, puisque vous aimez les chansons, permettez-moi de vous chanter celle que, peu de temps après 1830, j'adressais à ma pipe, et dont le dernier couplet contient le juste reproche mérité par ceux qui venaient de causer une révolution.

---

1. Le rapport a été présenté par M. Larabit vers la fin de la session. (Voir le *Moniteur* du 8 mai.) Je regrette que le rapporteur se soit autorisé d'un décret de la Convention pour soutenir que l'ordre de Saint-Louis avait été légalement aboli. Que de bonnes choses ont été abolies par la Convention, et qui ne s'en portent pas plus mal! le trône, la religion, les saints, Dieu lui-même.

De quelques vers, ô ma pipe, ma mie[1],
Depuis longtemps tu méritais l'honneur ;
Ne conçois pas d'injuste jalousie,
Et d'un oubli n'accuse pas mon cœur.
Dans cette vie en regrets consumée,
Un philosophe, un fumeur dit souvent :
« Tout, ici-bas, est comme ta fumée ;
Autant, hélas ! en emporte le vent. »

Au cabaret, dans un épais nuage
Qui me dérobe à de profanes yeux,
Je crois avoir tout l'Olympe en partage ;
Pour moi la bière est le nectar des dieux.
Illusion dont mon âme est charmée,
Plaisir, bonheur, ivresse d'un moment,
Tout, ici-bas, est comme ta fumée ;
Autant, hélas ! en emporte le vent.

Quand ma Lison, en guise de vestale,
De sa main blanche entretenait tes feux,
Parfois, sans craindre une peine brutale,
Pour un baiser elle oubliait ses vœux ;
Sans jalousie, avec ma bien-aimée,
Dans mes loisirs tu partageais gaiement ;
L'amour lui-même est comme ta fumée :
Autant, hélas ! en emporte le vent.

O courtisans à la langue dorée
Qu'avez-vous fait du roi que vous trompiez ?
De son pouvoir la statue adorée,
Dans la poussière est tombée à nos pieds.
Titres, honneurs, fragile renommée,
Trônes assis sur un sable mouvant,

1. Voir la musique à la fin de la brochure.

> Tout, ici-bas, n'est que songe et fumée ;
> Autant, hélas ! en emporte le vent.

Et puis, je suis le fils de mon père ; je n'entends renier aucun des souvenirs qui s'attachent à sa mémoire.

Ceux qui ne me croient pas capable de faire passer le salut de la patrie, les devoirs du citoyen avant toute autre considération, ceux-là ne font pas seulement injure aux sentiments qui m'animent, ils font injure au souverain qui en est l'objet.

Le serment politique sera toujours un serment pour moi. Je laisse à d'autres consciences, plus larges que la mienne, l'avantage de ménager une place pour les restrictions mentales. A moins que l'homme politique prétende ne pas être un homme, je ne vois pas pourquoi le serment politique ne serait pas un serment.

Quand il s'agit de serment, quel qu'il soit, j'ai toujours présents à la pensée ces vers que, dans un drame refusé autrefois à la Comédie-Française, je mettais dans la bouche d'un amant malheureux s'adressant à l'infidèle qui l'avait trahi pour un brillant mariage :

> De Dieu, de ses autels le sacré caractère,
> A vos premiers serments ne saurait vous soustraire ;
> Où donc et quand d'ailleurs avez-vous prétendu
> Me prêter un serment que Dieu n'ait entendu?

Comment on passe du grave au doux, du plaisant au sévère.

— Vous étiez capitaine de hussards et vous faisiez des vers ?

Moi. Pourquoi pas ? Bien d'autres avant moi ont su manier la plume et l'épée. Si je suis resté loin de ces brillants modèles, d'autres après moi, sans doute, s'efforceront de les imiter mieux.

Tenez, je m'en souviens encore, tandis que le 1ᵉʳ hussards était en garnison à Vendôme, tendis que mes camarades perdaient leurs temps et leur argent à fumer le cigare, à consommer le petit verre, voici comment je faisais figurer mon nom sur le livre de dépenses de la maîtresse du café :

> Vos yeux, sans être d'un beau noir,
> Ni de ce bleu vraiment céleste,
> A maint propos galant et leste
> Vous exposent dans un comptoir.
> Et comment, même en sachant vivre,
> Ne pas s'oublier quelque jour?
> Lorsque près de vous tout enivre,
> Le café, le punch et l'amour.
>
> Sans vous armer d'un front sévère,
> Aux doux propos laissez leur cours;
> Tout en versant le petit verre,
> Fermez l'oreille aux beaux discours.
> Pourtant, pour pousser à la vente,
> Sachez sourire aux compliments;
> Qu'une politique savante
> Tienne en haleine les amants.
>
> Sans y répondre, agréez leur hommage;
> Près d'un si bel oiseau sur son comptoir perché,
> Que tout galant, par l'amour alléché,
> Vienne à loisir célébrer son plumage.
> Tous ces renards épris de vos attraits
> Sauront un jour ce que la vue en coûte;
> Ici c'est le flatteur qui supporte les frais,
> Et qui vit au profit de celle qui l'écoute.

C'était, comme vous le voyez, une allusion à la fable du *Renard et du Corbeau*.

L'ANCIEN MAIRE. Décidément vous avez une passion pour les fables.

Un verre de tisane offert à propos, me fournit le moyen de me soustraire à ce reproche, peut-être aussi à quelques compliments, et je m'en tirai avec ce méchant calembour :

— De tous les *vers* les meilleurs sont encore les *verres* à boire.

— Est-ce qu'on ne pourrait pas parler en vers au Corps législatif ?

MOI. Cela n'est pas défendu ; mais, croyez-moi, en vers ou en prose, le temps des grands discours est passé. On en entendra bien encore, pour mémoire, quelques *specimen* à l'Académie française. Pourvu que la politique n'y ait point de part, ces beaux discours sont là parfaitement à leur place, dans cette atmosphère privilégiée où les fleurs de l'imagination peuvent éclore en tous temps, sans crainte de se faner jamais, sur cette terre riche et profonde de la littérature française, qui ne se peut tellement moissonner que les derniers venus, on l'a vu récemment, ne sont pas encore réduits à glaner.

Mais dans les assemblées politiques les longs discours n'ont plus de raison d'être ; le siècle de la vapeur est un siècle d'action et non de parole.

A quoi a tenu le sort des Prestataires en 1860.

— Permettez-moi de vous en citer un exemple, tiré de faits à notre portée. Il vous prouvera combien souvent le vote d'une assemblée tient à peu de chose ; combien il suffit d'un mot, d'un incident imprévu pour emporter la balance si mobile des suffrages humains.

Grâce au voile qui couvre le secret des délibérations du Conseil général, je suis persuadé qu'aucun de vous ne sait à quoi il a tenu que tous les prestataires n'aient subi le surcroît de charge dont ils ont été menacés pendant la session de 1860.

Les besoins du service vicinal réclamant un supplément de ressources, deux systèmes étaient en présence pour le lui fournir.

L'un consistait à recourir à une contribution extraordinaire, pesant, comme vous le savez, exclusivement sur ceux qui possèdent, et dans la proportion de ce que possède chacun.

D'après l'autre système on augmentait le prix de toutes les journées de prestation; c'est-à-dire qu'on faisait peser un surcroît uniforme de charges sur tous les prestataires, sans égard pour leur plus ou moins de ressources.

Présenté par M. l'agent-voyer en chef, ce parti avait été adopté à l'unanimité par la commission des routes; et, il faut le reconnaître, la préférence était fondée sur plusieurs considérations sérieuses.

Le service de la vicinalité faisait naturellement appel à l'ordre de ressources qui constitue d'ordinaire ses fonds spéciaux. L'élévation croissante du prix de toutes choses, particulièrement du prix de la journée de travail, motivait l'augmentation réclamée.

Quelques timides arguments en faveur de l'autre système avaient à peine osé se produire : ils étaient venus se briser contre la résistance compacte de la Commission des routes qui, ne se désunissant pas, gagnait sans cesse du terrain, à l'instar de la colonne anglaise à la bataille de Fontenoy.

Je voyais avec peine, mais sans grande chance de pouvoir m'y opposer, nos concitoyens nécessiteux, tous les cultivateurs particulièrement, menacés de subir un surcroît de charges pendant le cours de cette année 1860 dont les pluies incessantes avaient compromis le sort de nos récoltes, contrariaient leur rentrée, attaquaient jusqu'à leur qualité.

La journée où cette question allait être tranchée par le Conseil général ressemblait à toutes celles qui l'avaient précédée : la pluie n'avait pour ainsi dire pas discontinué.

C'était en vain que M. le préfet soutenait généreusement la cause des prestataires, je suis heureux de pouvoir lui rendre cette justice. Il appuyait son avis sur un tableau comparatif qu'il avait fait dresser, et dont il résultait que notre département était un de ceux où la journée de prestation atteignait le prix le plus élevé.

Un membre de la Commission, qui avait réponse à tout, se chargea de faire encore justice de cet argument.

— En admettant, dit-il, que dans la plupart des départements, le taux de la prestation soit inférieur à ce qu'il est dans le département de la Marne, qui vous dit, qu'à l'heure qu'il est, les Conseils généraux de ces départements, assemblés comme le nôtre, ne prennent pas une délibération semblable à celle qu'on sollicite de vous? Et ainsi l'argument qu'on oppose à la demande qui vous est faite tombe de lui-même.

La partie semblait perdue, et cependant la pluie redoublait de violence; le sort de nos récoltes, celui des prestataires paraissaient également compromis.

Je me levai inspiré : — Ah! messieurs, m'écriai-je, si c'est cette journée, si c'est un moment semblable que choisissent certains Conseils généraux pour augmenter les charges de leurs concitoyens, les charges de l'agriculture, ils sont bien mal avisés; *voyez le temps qu'il fait !*

En disant ces mots j'avais levé la main vers le ciel; les yeux de tous mes collègues avaient, comme les miens, pris cette direction. En ce moment une avarie s'étant déclarée dans la couverture de notre salle de délibérations, une large tache d'eau apparaissait au plafond.

Je n'eus pas besoin d'en dire davantage ; le ciel s'était rangé de notre côté.

Voilà., messieurs, à quoi a tenu le sort des prestataires en 1860. Si la toiture de notre salle de délibération eût été en meilleur état, ils auraient aujourd'hui un surcroît de charges à supporter.

L'HOMME A LA BLOUSE NEUVE. Et ce serait fâcheux, avec toutes celles qui pèsent déjà sur nous!

Une réponse tardive au discours de M. Jules Favre contre l'expédition du Mexique.

Mon maître couvreur, dont le fils fait partie du corps expéditionnaire du Mexique, crut le moment venu pour lui de se mêler à la conversation.

— Ah ! monsieur, me dit-il, ce n'est pas à Paris, ce n'est pas au Corps législatif que vous pourriez espérer un pareil succès; on y entretient trop bien les toitures !

— Mon ami, lui dis-je, un vieux soldat tel que moi n'a pas la prétention d'être un orateur; si cependant j'avais eu l'honneur de siéger au Corps législatif le jour où l'expédition du Mexique y a été si violemment attaquée, je crois que j'aurais trouvé dans mon cœur quelques paroles, ne fût-ce qu'un mot, pour répondre à cet implacable réquisitoire.

J'ai souffert pour vous, pour votre pauvre garçon, j'ai souffert pour la France entière, engagée dans cette lointaine et périlleuse expédition, des paroles amères, décourageantes, que du sein de la mère-patrie on essayait de faire parvenir jusqu'au triste bivac de nos soldats, jusqu'aux pieds du lit de leurs malades.

Et quoi, me disais-je, quand la France se saigne pour envoyer des renforts de toute espèce à notre armée, avec les sub-
sides, les munitions, les vivres, les soldats destinés à renforcer
matériellement le corps expéditionnaire, voilà les paroles décourageantes, pour ne pas dire outrageantes qui accompagne-
ront les renforts de l'ordre matériel; voilà le contingent de
l'opposition; voilà son renfort moral pour l'expédition.

— La France abandonnée...

LE VIEUX SOLDAT. Dites *lâchement*, *traîtreusement* abandonnée.

MOI. Le mot d'*abandonnée* me suffit; mais je le prononce
comme un homme qui a vécu près de vingt-cinq ans sous la
loi de l'honneur qui punit de mort la désertion.

Je dis donc que la France, abandonnée par l'Angleterre et
l'Espagne dans l'expédition du Mexique, trouvera certainement aisément, dans ses ressources militaires, de quoi remplacer ce que lui ont retiré sous ce rapport ses infidèles alliés.
La seule chose que la France ait à regretter dans une semblable
intervention c'est la perte de l'influence morale qui résultait
nécessairement du concours des deux autres puissances.

Voilà ce qui, en ce moment surtout, aurait dû fermer la
bouche à toute critique, à tout esprit de dénigrement; et quelles
que soient les ressources de l'éloquence mises au service d'une
si mauvaise cause, j'allais dire d'une si mauvaise action, le
discours eût-il été cent fois plus habile, plus serré, plus fort,
j'y aurais signalé deux défauts qu'on ne pardonne pas en
France : ce discours n'était pas *français,* il n'était pas même
chrétien.

— Ah! monsienr, dit le maître couvreur, vous me faites
plaisir; n'est-ce pas que les Français prendront Mexico; n'est-
ce pas que nous en verrons revenir nos pauvres enfants?

— N'en doutez pas, mon ami; les Français ont bien pris Pékin
avec une poignée d'hommes. Un de mes neveux, qui a eu le

bonheur de prendre part à cette expédition gigantesque, presque merveilleuse, a eu le bonheur d'en revenir. Il en sera de même de votre fils.

Pour nous, en ce moment, répondons comme il nous est permis de le faire à tous ces beaux discours d'opposition, buvons à la santé de notre brave armée du Mexique, à ses succès, à ses victoires, à son retour triomphant parmi nous!

Mon brave C..., quand vous écrirez à votre fils, dites-lui bien que nous avons bu à sa santé, que nous lui gardons une bouteille de tisane pour son retour.

Et nos verres s'unirent avec enthousiasme dans une nouvelle rasade, comme nos cœurs s'unissaient dans une même pensée.

Conclusion.

La journée était avancée; le soleil d'avril menaçait de nous faire ses adieux pour maintenir l'équilibre de cette époque de l'année entre la lumière et l'obscurité; il s'apprêtait à aller visiter l'autre hémisphère en quittant le nôtre; il allait faire sonner le réveil pour nos soldats du Mexique, tandis que leurs camarades d'Europe sonneraient la retraite.

C'était le moment où cessent les travaux des champs, où le laboureur détèle ses chevaux ou ses bœufs, où le berger rentre avec le troupeau de ce pas grave qui convient au dépositaire du plus précieux trésor de la ferme; c'était le moment où l'oiseau regagne son nid que dissimulent à peine les premières feuilles du printemps.

Du point où nous étions nous apercevions la fumée qui s'élève au-dessus du hameau à l'heure où la ménagère jette dans le feu quelques branches de bois sec, afin que tout, jusqu'au foyer, ait un sourire pour le maître à son retour.

le passage d'un train de voyageurs, remorqué par une

bruyante locomotive, couvrit un instant de sa noire fumée le gracieux paysage que nous avions sous les yeux et qui bientôt allait tout à fait disparaître dans l'ombre. Il était six heures du soir.

Au moment de nous séparer, un de ceux qui avaient le moins parlé et, par conséquent, le plus écouté, s'approcha de moi ; et, résumant tout ce qu'il avait entendu :

— Votre brochure, me dit-il, nous avait beaucoup plu, par l'opposition à la guerre et aux dépenses, dont vous y aviez courageusement arboré le drapeau.

L'accueil cordial que vous venez de nous faire, les sentiments de toute espèce que cette occasion vous a mis à même de manifester devant nous, ont achevé de vous concilier notre estime, notre affection. Depuis nos eaux jusqu'à nos prestations et toutes les questions d'intérêts qui nous unissent, tout nous fait désirer d'avoir un représentant tel que vous.

Quand on a si près de soi des hommes qui savent penser et parler comme vous le faites, il n'est pas besoin d'aller chercher à Paris des représentants.

Posez franchement, hardiment votre canditature ; tous ceux qui veulent la paix, l'économie voteront pour vous.

— Mes amis, leur répondis-je, votre confiance m'honore et me pénètre de reconnaissance ; mais peut-elle suffire pour fixer mes résolutions? Ne voyez-vous pas ce que j'ai déjà recueilli pour une simple velléité, un simple projet de candidature? Quelques tracasseries, quelques bouderies; la manifestation de sentiments auxquels j'étais aussi loin de m'attendre que je me crois loin de les mériter. Est-ce bien encourageant?

— Vous reculeriez? dit le vieux soldat.

— Moi! jamais; celui qui s'avance prudemment ne s'expose jamais à reculer.

Si je n'ai point encore fait connaître ma candidature, j'y

trouve l'avantage d'avoir conservé ma liberté. Je ne me suis posé que comme le partisan de la paix et de l'économie ; dans cette voie je n'ai pas à reculer.

Dût-on me comparer à l'ânesse de Balaam, qui n'a parlé qu'une fois, je rentrerai dans le silence qui convient si bien à mon obscurité. En digne cultivateur, en vrai Champenois, je retourne à *mes moutons*, je retourne à ma charrue, à ce poste modeste et honorable où l'on a été chercher plus d'un bon citoyen quand leur patrie a eu besoin de leurs services ; c'est là que mes concitoyens me trouveront s'ils ont jamais besoin de moi.

Je vous remercie, mes amis, de votre visite qui m'a permis de vous faire connaître mon cœur... et ma tisane.

Une dernière rasade, je vous prie, à la santé de l'Empereur !

Et nos verres s'unirent encore une fois ; nos voix se confondirent dans ce cri auquel nous nous séparâmes, ce cri auquel doivent se réunir tous les bons Français, le cri de

VIVE L'EMPEREUR !

Dormans, le 12 avril 1863.

Pour la satisfaction des personnes qui n'auraient pas eu connaissance de la *Réponse à M. de Montalembert,* on a cru devoir la joindre ici, les deux brochures se complétant l'une l'autre.

Au nom de tous les paysans qui acquittent régulièrement, bien que toujours avec peine, leur part des charges publiques, au nom de tous ceux qui voient avec effroi approcher le moment où leurs fils vont mettre la main dans cette urne où se tire, chaque année, la grande loterie du sang français, je viens, comme un des leurs, apporter mon contingent d'idées pour la solution de cette question polonaise qui passionne aujourd'hui le monde et menace de l'ensanglanter, de le ruiner de nouveau.

Tandis que la guerre fratricide qui désole l'Amérique fait rejaillir sur nous une partie de ses fléaux, comme pour rappeler aux hommes qu'ils sont tous frères, au moins par le malheur; tandis que l'expédition du Mexique n'a produit encore que des deuils et comme une restitution d'or de la part du vieux monde envers le nouveau, si c'est une pensée généreuse, est-ce bien une pensée sage que celle qui vient faire un nouvel appel à cette redoutable épée de la France, à cette arme à deux tranchants qui a si souvent blessé ceux qui n'ont pas su en modérer l'usage.

Profondément émus des malheurs de la Pologne, cherchons les moyens d'y mettre un terme, d'en empêcher le retour; mais ne prononçons jamais de ces imprudentes paroles qui aggravent le mal, le font surgir partout. Une illusion, un rêve, en faisant oublier momentanément le poids des chaînes, les rend plus lourdes au réveil. Ne voyez-vous pas que tous ces malheureux que vous excitez à secouer leurs fers ne réussissent qu'à les faire entrer plus douloureusement dans leurs chairs meurtries?

Ne voyez-vous pas que cette théorie des nationalités opprimées va vous mettre sur les bras autant de méchantes affaires que la théorie des femmes incomprises nous a mis de méchants romans sous les yeux?

Ne voyez-vous pas que ce sont les mêmes qui veulent détrôner le Pape, qui conseillent de lâcher sur l'univers Garibaldi et *ses apôtres* pour y *prêcher,* le sabre à la main, l'*Évangile* de l'insurrection?

Laissons en paix l'*Achille* moderne *bouder* dans son île; et, qu'au lieu d'offenser Dieu, il le remercie de ce que sa *blessure au pied* n'a pas été mortelle comme celle du fils de Thétis. L'Empereur des Français n'a pas besoin de semblables auxiliaires; il peut dire, avec plus de raison et d'autorité que ce Pygmée de l'antiquité qui s'intitulait le roi des rois:

Je veux moins de valeur et plus d'obéissance.

Après avoir chassé le Pape de Rome, ne faudra-t-il pas quelque jour, sous prétexte de nationalité, reconstituer un royaume juif, relever le veau d'or à la place du signe de notre rédemption? Et ainsi auront disparu les deux signes palpables de l'origine divine de notre religion, la dispersion des juifs et la présence du successeur de saint Pierre sur le trône des *maîtres* du monde.

Le soir, dans les instants de loisir que nous laissent les travaux des champs, quand les enfants dorment après avoir fait la prière du soir en commun, quand les femmes filent au coin du feu, pendant les longues veillées d'hiver, nous lisons parfois les journaux; je n'y ai pas encore découvert pourquoi ils traitent de brigands à Naples ceux qu'ils encensent comme des héros à Athènes et à Varsovie.

En attendant que des hauteurs de la diplomatie il tombe quelque *soliveau* exotique qui mette fin au *croassement* des Grecs, je ne découvre pas quel profit il sera résulté d'une révolution pour ce malheureux, pour cet intéressant peuple; et je me demande si, dans la difficulté de lui trouver un roi, Dieu n'attache pas une leçon pour cette condition impie d'une apostasie imposée à un prince comme prix d'une couronne.

Dans le rêve de l'unité de l'Italie, je ne vois de possible à compléter que la ruine de ses finances.

Dépense pour dépense, j'aime mieux voir nos soldats à Rome qu'à Constantinople; j'aime mieux les voir protéger le Saint-Père que le Grand-Turc, l'Évangile que le Coran. À Rome, du moins, nos soldats n'apprendront ni la polygamie, ni le mépris de la foi de leurs pères; ils ne s'entendront pas traiter de *chiens;* ils n'auront pas à craindre qu'en passant devant une mosquée un ingrat mécréant leur fasse quitter les souliers dont ils ont usé les semelles pour lui aller sauver la vie.

Quand l'horizon est à peine dégagé de la question romaine, quand il tient encore en suspens sur nos têtes le nuage menaçant qui porte la question d'Orient, quand l'insurrection polonaise, se développant avec furie, ajoute aux autres causes de tempêtes le nuage le plus noir,

> Le plus terrible des enfants
> Que le Nord eût porté jusque-là dans ses flancs,

je conçois que toutes les intelligences s'évertuent à chercher le moyen de conjurer le danger.

Mais, si l'insurrection polonaise et la question d'Orient peuvent avoir une solution commune, ce n'est pas dans les souvenirs de la guerre de Crimée qu'il faut en chercher les inspirations. En donnant une pensée à quelqu'une des victimes de cette redoutable guerre, n'avez-vous jamais entendu, dans vos rêves, les ombres de tant de héros tombés sur les bords de la Tchernaïa et dans le ravin sanglant d'Inkermann, murmurer douloureusement aux oreilles de la France sur l'ingratitude de la Turquie pour le sang qu'ils ont si généreusement répandu?

Si l'Angleterre ne nous a pas beaucoup aidés à prendre Sébastopol, elle a su mettre son *veto* sur le titre du glorieux souvenir qui a terminé la guerre; elle ne nous a permis d'immortaliser ce brillant fait d'armes qu'au prix d'une *cacophonie.* Hier encore, ne nous a-t-elle pas abandonnés dans une expédition lointaine et périlleuse, dès qu'avec son habitude de mar-

chander tout, même la gloire, elle a reconnu de quel côté
pouvait pencher la balance de *Doit* et *Avoir*?

J'admire la libre et fière Angleterre, la puissante organisa-
tion de son gouvernement; j'applaudis chez elle à la marche
de la liberté et de la civilisation s'avançant dans la voie du
progrès comme deux sœurs qui se tiennent par la main et non
comme deux rivales qui se disputent le prix de la course. Il est
beau de les voir suivre parallèlement un développement suc-
cessif avec cette précision mathématique qui évite les rencon-
tres, les chocs, les catastrophes qui ont si souvent affligé notre
patrie.

Mais si, à défaut de sympathie, mon estime est acquise à nos
voisins d'outre-mer, je ne puis assez flétrir une politique caute-
leuse qui tend à un Pape des piéges auxquels ne se laisserait
pas prendre une souris, et ravale le noble léopard au rôle d'un
être astucieux et perfide guettant sans cesse une proie, toujours prêt à scandaliser le monde par ses tours de *prestidigi-
tation.*

Combien de fois, depuis la guerre de Crimée, n'avez-vous
pas surpris l'Angleterre, au chevet du malade, en flagrant dé-
lit de captation de testament? Sous prétexte de tâter le pouls
au moribond, ne lui a-t-elle pas déjà ravi quelque joyau: *Aden*,
en attendant mieux?

Non, ce n'est pas par une guerre injuste, une guerre contre
nature avec la Russie que peut être sauvée la Pologne, que
peut être tranchée la question d'Orient. Ce n'est pas quelques
lambeaux de territoire sur les bords du Rhin, quelques mètres
de terre pris et repris cent fois dans des flots de sang chrétien,
au milieu de cette fourmilière humaine qu'on appelle l'Occident de l'Europe; ce n'est pas là qu'est la perspective digne
de l'ambition légitime de Napoléon III, ce n'est pas là ce qui
peut le faire sortir de son attitude calme et réfléchie, lorsqu'il
s'appuie sur l'épée de la France avant de la faire sortir du
fourreau.

Si quelques villes, tantôt françaises, tantôt prussiennes ou
bavaroises, au gré de la diplomatie, ne consultant que leur
sympathie pour nous, demandent à rentrer dans la grande

famille française, ouvrons-leur les bras. Si le consentement de l'Europe est accordé pour prime à notre désintéressement dans la solution de la question d'Orient, la France rentrera dans ses limites naturelles aux applaudissements de tous ses enfants !

Mais, pour ce résultat, quelque désirable qu'il puisse être, pas de dépense de poudre à canon ; soyons surtout avares du sang français, du sang chrétien. N'oublions pas que pour être Français la première condition c'est de vouloir l'être ; c'est la première manière de s'en montrer digne.

N'inclinons jamais notre drapeau dans l'attitude humiliante d'une demande dont le succès n'est pas assuré ; n'exposons pas l'aigle impérial, après avoir stimulé son essor, à replier honteusement ses ailes sur le refus de ceux à qui il avait coutume de dicter la loi.

Il en est qui se croient suffisamment compatissants pour les malheurs de la Pologne en réclamant en sa faveur l'exécution de ces traités de 1815 que nos soldats ont déchirés, en même temps que leurs cartouches, à Magenta et à Solferino.

J'étais enfant lors des désastres qui ont mis fin au premier Empire ; mais de semblables souvenirs ne s'oublient pas. Je n'oublierai jamais les larmes que j'ai vues ruisseler entre les doigts de mon père, lorsqu'il se couvrait la face de ses deux mains pour ne pas voir le sol de la patrie souillé par les hordes étrangères ; je n'oublierai jamais non plus ce sourire bienveillant et magnanime qui illuminait le visage du premier empereur de Russie qui ait porté le nom d'Alexandre, lorsque les Français se découvraient sur le passage du seul généreux de leurs ennemis.

Tandis que l'Angleterre et les autres convoitaient les dépouilles de la France, lui seul faisait taire la douleur de ses blessures à peine cicatrisées, lui seul s'opposait au partage de la France sans regarder derrière lui les cendres encore fumantes de l'incendie de Moscou, cet immortel sacrifice offert au plus pur patriotisme.

La télégraphie électrique n'a pas encore établi de communication entre les chaumières et les palais ; mais si jamais les

accents d'une profonde reconnaissance pouvaient parvenir des
bords riants de la Marne jusqu'aux échos glacés de la Néva,
que l'empereur Alexandre II apprenne qu'il y a encore au
monde des paysans français qui n'ont pas oublié que c'est à
l'empereur Alexandre Ier que leur patrie doit de n'avoir pas été
partagée en 1815.

L'Europe, la chrétienté ne peuvent-elles donc se fier aujour-
d'hui, pour l'affranchissement de la Pologne, au souverain qui
a pris l'initiative de l'affranchissement de ses propres sujets?
La générosité n'est-elle pas toujours l'apanage de la force?

Qui n'a vu le tableau qui représente, dans une rue de Flo-
rence, cette mère à genoux devant un lion échappé de la mé-
nagerie du Grand-Duc, redemandant par des larmes, dans un
instinct sublime de l'amour maternel, l'enfant que la frayeur
avait fait tomber de ses bras, et que l'animal avait déjà saisi
dans sa puissante gueule? Si, moins bien inspirée, la faible
créature avait osé menacer le roi des animaux, la mère et
l'enfant, au lieu d'avoir la vie sauve, n'auraient été qu'un
déjeûner pour lui.

Ah! si Dieu daignait exaucer les vœux dictés à la fois par la
sympathie la plus vive pour la Pologne et la reconnaissance la
plus profonde pour la Russie, le même soleil verrait peut-être
bientôt la résurrection de l'une sortir du triomphe de l'autre!

Quel que puisse être en politique l'amour du *statu quo*, je
ne puis imaginer que l'on veuille conserver jusqu'à son entière
décomposition ce cadavre que la discorde seule galvanise. Si
la France ne convoite pas Constantinople, qu'elle n'imite pas
la sotte prodigalité de Cléopâtre; qu'elle ne laisse pas plus
longtemps se perdre, s'anéantir dans la barbarie cette perle
des perles de l'Orient, dont les feux se reflètent dans l'azur de
la plus belle des mers. Depuis le jugement rendu sur le
mont Ida jusqu'à celui qui adjugera cette fameuse pomme de
discorde qui s'appelle Constantinople, sur les trois puissances
comme sur les trois beautés, il y aura toujours deux mécon-
tentes; mais tandis que, sur ce procès encore pendant, la
France se divise sans raison avec la Russie, ne ferons-nous pas
bien de relire la fable de l'*Huître et les Plaideurs*.

Si la France, toujours si généreuse, veut donner en faveur de la Pologne, en faveur de la chrétienté une nouvelle preuve de son désintéressement, elle n'a qu'un mot à dire à la Russie : *Allez !*

Le jour où le successeur de Pierre le Grand et de Catherine fera chanter un cantique d'actions de grâces sous la coupole de Sainte-Sophie rendue au culte chrétien, la Russie, l'Europe entière, à jamais délivrée de l'empire du Croissant, se souviendront qu'il n'y a pas deux cents ans, c'est un roi de Pologne qui, en faisant lever le siége de Vienne, a marqué aux descendants de Mahomet la limite qu'ils n'ont jamais dépassée depuis.

Ce jour-là, n'en doutez pas, l'empereur Alexandre II, acquittant avec empressement la lettre de change que vous aurez tirée sur lui, reconstituera le royaume de Pologne en lui rendant toute sa liberté, toute, puisque le lien de la reconnaissance ne compte plus aujourd'hui pour rien.

Et qui sait si le monarque dont les immenses États s'étendront du golfe de Finlande à la mer de Marmara, le nouvel empereur d'Orient ne sera pas bien aise de pouvoir détourner ses regards de cet occident de l'Europe, foyer de discordes et de révolutions ?

Mais, en faisant des vœux ardents pour la résurrection de nos frères de Pologne, n'oublions pas de tirer de leurs malheurs la grande, la précieuse leçon dont notre propre inconstance a si fort besoin. N'est-ce pas du principe électif appliqué à l'ordre de succession au trône que sont venus tous les maux, en définitive, les partages de la Pologne ? Quand, depuis un demi-siècle, Dieu a répété quatre fois pour la France la menace d'une minorité et d'une régence, ne profiterons-nous jamais de ses avertissements ? N'en profiterons-nous pas pour nous serrer autour du prince si digne du trône qu'il occupe sans l'avoir usurpé sur personne ? La République n'avait-elle pas brûlé les *quatre planches de sapin recouvertes de velours*, analyse philosophique du plus beau trône du monde.

Sachons enfin appliquer consciencieusement à la dynastie napoléonienne ce grand principe de l'hérédité, plus précieux encore pour les peuples que pour les rois.

À Napoléon III, au restaurateur de la monarchie française, au vainqueur de Solferino, laissez-moi découvrir une perspective digne de son ambition, digne du grand et généreux pays dont Dieu l'a chargé de diriger la puissance.

Quand, sur un simple signe de la France, les Turcs vont renverser leur insolent emblème, retourner leur ambitieuse devise, quand leur puissance *décroissante* aura cessé de souiller le sol de l'Europe, quand le Mahométan nous montrera enfin ses talons (*donec totum* EXEAT *orbem*), la chrétienté n'aura-t-elle pas un compte sévère à demander aux usurpations du sabre de Mahomet? À l'ouverture de cette immense succession, ne se présentera-t-il pas quelque noble conquête à faire, semblable à celle de l'Algérie, conquête d'âmes et de provinces à la fois? Alors l'épée de la Erance pourra être tirée à propos; alors le Dieu de Clotilde protégera encore ceux qui s'armeront au nom du Dieu des armées célestes.

Avant toute autre conquête, n'y aura-t-il pas à délivrer les Lieux saints de la présence des mécréants, sujet d'opprobre pour toute la chrétienté?

Pour atteindre un si noble but, la France entière se lèvera comme un seul homme; je me souviendrai que je suis un vieux soldat; et s'il me reste assez de force pour manier encore l'épée que, depuis de longues annéos, j'ai suspendue à la muraille, je serai prêt à verser jusqu'à la dernière goutte de mon sang dans cette croisade. Alors chez mon fils *la valeur n'attendra pas le nombre des années*, et l'Empereur, qui nous guidera à la victoire, se montrera le digne successeur des rois très-chrétiens, le continuateur, le vengeur de saint Louis.

Le volonté de Dieu sera faite sur la terre comme dans le ciel !

Vicomte DELALOT.

Cultivateur à Dormans.

4 mars 1863.

POST-SCRIPTUM

Je ne connaissais pas entièrement la brochure de M. de Montalembert lorsque j'ai entrepris d'y répondre. Quelques extraits publiés par les journaux m'avaient suggéré la pensée de relever le défi porté au bon sens par l'exagération.

L'exagération du sentiment le plus louable, la compassion pour les malheureux Polonais ne me semblait pas pouvoir imposer silence à la voix de la raison parlant au nom des plus chers intérêts de la France.

Vivant à la campagne, au milieu de ces paysans qui ont fondé l'Empire et en veulent la durée, j'ai cru pouvoir protester, en leur nom, contre un conseil qui pouvait compromettre l'existence de l'Empire. Au nom de ceux qui, depuis cinquante ans, acquittent les frais de toutes les révolutions, je me suis cru le droit de combattre toute entreprise hasardeuse de nature à amener de nouvelles catastrophes sur notre patrie.

Au nom de ces paysans qui fournissent les meilleurs soldats de nos armées, au nom de ceux dont le sang m'a toujours paru un prix exorbitant mis à la gloire, quelle qu'elle soit, j'ai cru pouvoir m'opposer à une nouvelle guerre, dans le cas actuel, à une guerre générale.

Si Napoléon Ier, à Varsovie, n'a pas rétabli le royaume de Pologne, peut-on l'exiger de Napoléon III qui, pour le tenter, aurait à passer sur le corps de toutes les puissances que le premier Empire traînait à sa suite dans sa guerre contre la Russie, dans cette entreprise gigantesque qui a causé sa perte?

Soyons justes envers tout le monde. L'Empire actuel ne peut être tenu de réparer les fautes de tous les gouvernements qui l'ont précédé, y compris ceux à qui revient l'éternel opprobre d'avoir assisté, *l'arme au bras,* aux partages de la Pologne. La modération qui a signé la paix de Villa-Franca ne recommencera pas l'expédition de Moscou. Le conseil d'aller par mer au secours de la Pologne mettrait notre flotte aux prises avec celle de la Russie, à la grande satisfaction de l'Angleterre, qui a déjà pris sa place pour assister au spectacle *gratis* de la plus grande folie dont nous puissions lui donner la représentation.

En lisant attentivement la brochure à laquelle j'ai voulu répondre, j'ai reconnu que nous étions d'accord sur plus de points que je ne l'avais cru d'abord.

Même sympathie pour la Pologne, même désir d'y arrêter l'effusion du sang, mêmes vœux pour la reconstitution de sa nationalité, de son royaume libre, indépendant; même désir de l'affranchissement des Lieux saints, de l'affranchissement des populations chrétiennes qui gémissent sous l'empire vermoulu du Croissant.

Pour obtenir ce résultat, à qui faut-il que nous donnions la main? Sera-ce à ceux qui nous aident, en ce moment, à relever le dôme du Saint-Sépulcre, ou à ceux qui nous ont forcés à abandonner, à heure fixe, nos frères du Liban?

7 mars 1863.

LE CHAMPENOIS ET LE MOUTON.

CHANT

La vil - le de Pa - ris veut bien Trai - ter nos eaux com-

PIANO.

- me son bien ; Voi - là la res - semblan - ce, Voi - là la res - semblan - ce.

Mais, dit - elle, en nous dé - pouil - lant : Vous se - rez plus pouilleux qu'à - vant ; Voi-

- là la dif - fé - ren - - ce, Voi-là la dif - fé - ren - ce.

Procédés TANTENSTEIN.

A MA PIPE.

De quelques vers, ô ma pi-pe! ma mie! Depuis longtemps tu mé-ri-tais l'hon-

- neur; Ne conçois pas d'injuste jalou-sie Et de mon ou-bli n'accuse pas mon cœur. Dans cette

vie, en regrets consu-mée, Un philo-sophe,un fumeur dit souvent : Tout i-ci - bas est comme la fu-

- mée, Où tout, hé - las! en empor-te le vent; Où tout, hé - las! en emporte le vent. *Fin.*

Procédés TANTENSTEIN.

PARIS. — IMPRIMERIE ÉDOUARD BLOT, RUE SAINT-LOUIS, 46.

www.ingramcontent.com/pod-product-compliance
Lightning Source LLC
Chambersburg PA
CBHW060739280326
41934CB00010B/2287